ÉPITRE

AU

GÉNÉRAL DROUOT,

PREMIER LIEUTENANT DANS LA COMPAGNIE D'ARTILLERIE
DE LA GARDE NATIONALE DE NANCY;

Par A^{ste}. EUDE-DUGAILLON.

> Lorsqu'à la Liberté chacun payait sa dette,
> Nancy, comme Paris, offrait son Lafayette !

PARIS,

CHEZ DECOINTE ET POUGIN, LIBRAIRES, QUAI DES AUGUSTINS.

NANCY,

CHEZ L. VINCENOT ET VIDART, LIBRAIRES, RUE DES DOMINICAINS, N.° 14.

Février 1831.

ÉPITRE

AU

GÉNÉRAL DROUOT,

PREMIER LIEUTENANT DANS LA COMPAGNIE D'ARTILLERIE
DE LA GARDE NATIONALE DE NANCY;

P_{AR} A^{ste}. EUDE-DUGAILLON.

> Lorsqu'à la Liberté chacun payait sa dette,
> Nancy, comme Paris, offrait son Lafayette!

PARIS,

CHEZ LECOINTE ET POUGIN, LIBRAIRES, QUAI DES AUGUSTINS.

NANCY,

CHEZ L. VINCENOT ET VIDART, LIBRAIRES, RUE DES DOMINICAINS, N.° 14.

Février 1831.

ÉPITRE

AU

GÉNÉRAL DROUOT.

O toi dont le grand nom apparaît à notre âge,
Comme un phare brillant, sous un ciel sans nuage,
Permets, sage Drouot, que moi, poëte obscur,
J'emprunte quelque éclat à ton éclat si pur :
Te chanter, ô héros ! c'est chanter la Patrie
A qui tu consacras ta fortune et ta vie;

L'éloge, qui du juste est toujours redouté,
Quand il s'adresse à toi n'est que la vérité.
Si pour flétrir le vice et venger l'innocence,
Stygmatiser des grands la pompeuse insolence,
Le luth de Juvénal a son accent moqueur :
La lyre de Pindare, au son mâle, enchanteur,
Éveille le héros dans son humble retraite,
Et, s'il est un grand nom, ne peut rester muette.

Tu naquis, chef illustre, au milieu des coteaux
Où la Meurthe s'égare en promenant ses eaux,
Et grand de ta grandeur, Nancy, dans notre histoire,
D'avoir produit Drouot réclamera la gloire.
Qu'un sot, de ses aïeux célébrant la splendeur,
Sur de vieux parchemins mesure sa hauteur ;
Le ciel qui t'accorda l'esprit et la sagesse,
Dans ton cœur a gravé tes lettres de noblesse !
Pour briller au milieu de nos grands citoyens,
Tu sortis, ô Drouot, des rangs des Plébéïens ;
Le mérite chez toi, devançant les années,
Semblait nous présager tes hautes destinées :
Sur ton front respirait la noble gravité
Que le sage possède en sa maturité,

Et le docte Laplace, en te rendant hommage,
Du titre de savant décora ton jeune âge.

Un siècle allait finir : dépouillant son linceuil,
Soudain la Liberté s'élança du cercueil,
Et belle comme aux jours d'Athènes et de Rome,
Proclama parmi nous la dignité de l'homme.
Étonnés de l'éclat de son premier soleil,
Les rois auraient voulu l'étouffer au réveil :
Ils craignaient qu'à l'aspect de sa vive auréole,
Du pouvoir souverain ne s'écroulât l'idole.
Leur voix, pour comprimer son magnanime essor,
Contre elle déchaîna les esclaves du Nord,
Et le Peuple français voyait d'autres Vandales
Fondre, comme un torrent, pour briser ses annales.
Du courage gaulois les dignes héritiers
Ont, contre les Germains, levé leurs boucliers,
Et couvrant d'un rempart l'autel de la patrie,
D'un pied victorieux foulé la barbarie.
Partout le bruit du fer ébranlait les échos :
Drouot, aux bords du Rhin, tu joignis nos héros,
Et parmi tous ces noms qu'au temple de mémoire,
De sa plume d'airain inscrivit la victoire,

Noms qui depuis Fleurus, Arcole et Marengo
Furent en grandissant jusques à Waterloo;
Le tien, en lettres d'or, apparaît et s'élève
A côté du géant dont tu soutins le glaive.

Fils de la Liberté, nos fiers républicains,
Renversèrent l'autel élevé par leurs mains;
Soldat, bientôt Consul, du sein de ces cohortes
Qui plus tard du Kremlin devaient briser les portes,
Un homme s'élança, qui plus grand que César,
Promenait enchaînés les trônes à son char,
Protégeait le génie, éclairait la justice;
Et du sort, à son gré, maîtrisant le caprice,
Sous un voile de gloire, aux Français triomphans,
Cacha la Liberté, veuve de ses enfans.
Des modernes Stuarts la race sans courage
N'eût pu d'un tel rideau couvrir notre esclavage!....

Tu suivis le héros, sans briguer ses faveurs,
Admirant ses vertus, pleurant sur ses erreurs!.....
En travaillant pour lui tu servais ta patrie,
Quand aux champs de Wagram ton belliqueux génie

Commandant aux éclairs de quatre-vingts canons,

Des grenadiers Hongrois rompait les bataillons.

Près de la Moscowa, dans la plaine sanglante,

A ta voix s'échappait la mitraille tonnante :

A Lutzen, à Bautzen, où César fut vainqueur,

Partout on te retrouve, immortel artilleur.

Impassible, appelant les dangers sur ta tête,

Toujours on te voyait où grondait la tempête;

Mais pour solliciter des duchés à la Cour,

C'est aux adulateurs que tu cédais ton tour.

Ces flatteurs que le monde avait vus sous l'Empire

Du grand Napoléon invoquer le sourire,

Sous d'indignes Tarquins, avides d'autres dons,

Mendièrent des croix, des titres, des cordons;

César, qui dans les temps de sa haute fortune,

En vain cherchait Drouot dans la foule importune;

Lorsque de son étoile eut pâli la splendeur,

Le vit à ses côtés, aux jours de la douleur.

Tu suivis dans une île, exilé volontaire,

Ce demi-dieu proscrit par les rois de la terre,

Qui trahi, délaissé par d'illustres ingrats,

N'avait plus pour amis que quelques vieux soldats.

S'il avait écouté ta profonde sagesse
Il n'eût pas compromis le sort de sa vieillesse;
Le maître à qui l'Europe ouvrait tous ses palais,
N'eût pas eu pour bourreaux des porte-clefs anglais;
Il aurait, plus prudent, aux chances d'un naufrage
Préféré, comme toi, la retraite du sage!

Sur le rocher lointain, d'où le bruit de ses fers
Arrivait à ton cœur, même à travers les mers,
Que de fois le héros, rêvant à sa ruine,
Immobile, les bras croisés sur sa poitrine,
A prononcé ton nom, jetant à l'avenir
De ta fidélité l'immortel souvenir!
« Drouot, sans deviner sa vaste renommée,
« Drouot seul, disait-il, vaut autant qu'une armée;
» Nestor dans le conseil, Ajax dans les combats,
« Il pourrait commander deux cent mille soldats:
« Du sage, du guerrier, c'est le parfait modèle,
« C'est un autre Sully qui me resta fidèle! »
Tel il te proclama sur ce roc escarpé
Où chacun des discours, de sa bouche échappé,
Est une prophétie, ou bien une sentence
Dont le temps chaque jour confirme la puissance.

Pourtant, illustre ami du plus grand des guerriers,

Un Bourbon essaya de flétrir tes lauriers;

De ta fidélité, trop noble, trop sublime,

Pour qu'il la pût comprendre, il te faisait un crime.

Au banc des accusés, où Ney cent fois vainqueur,

Recevait le trépas pour prix de sa valeur,

Tu vins te présenter, comme un autre.Socrate,

Offrant ton dernier sang à ta patrie ingrate.

Comme au temps de Scylla, le parti le plus fort,

Sans pitié décrétait ou l'exil, ou la mort,

Le plomb du vétéran frappait Labedoyère;

David portait son art sur la rive étrangère;

Quiconque ouvertement à leurs pâles drapeaux,

Du drapeau d'Austerlitz préférait les lambeaux,

Expiait par sa mort, ou bien par l'infamie,

La plus sainte vertu, l'amour de la patrie.

L'infâme despotisme, au sanglant tribunal,

Peut-être avait déjà dicté l'arrêt fatal :

Mais ton front, qui bravait les boulets homicides,

Aurait-il pu trembler à l'aspect des Séïdes?

« Si la fidélité, le respect au malheur,

« Sur la terre, as-tu dit, sont encore en honneur,

« Ces vertus me seront des gages d'innocence ;

« Mais si, pour affermir le bonheur de la France,

« Il vous fallait encor le sang d'un vieux soldat,

« Je l'offre à mon pays, comme au jour du combat ! »

Un reste de pudeur, à ce noble langage,

Se glissa dans les rangs du vil aréopage ;

Un seul juge, au pouvoir en refusant sa voix,

Arracha la victime à la fureur des rois.

Préférant à l'éclat l'obscurité profonde,

Tu t'éloignas alors de la scène du monde

Où, vrais caméléons, d'ambitieux acteurs

Du parti qui triomphe adoptent les couleurs

Et pensent, en bravant les sifflets du parterre,

Que leur rôle est utile au bonheur de la terre.

Tu revins, fatigué du tumulte des camps,

Sur les bords où l'étude embellit ton printemps :

Aux champs des Nancéiens, rive heureuse et fleurie

Où l'on sait être libre et chérir la patrie,

Tu choisis pour palais un modeste séjour

A l'abri de l'intrigue et des vents de la Cour.

Ainsi le nautonnier, dont la barque légère,

Brava cent fois des flots la fureur passagère,

Quand l'âge sur sa tête a blanchi ses cheveux,
Suspend son aviron au toit de ses aïeux.

Si moins sage, et cédant aux douces flatteries,
Drouot avait voulu ramper aux Tuileries,
Il n'eût manqué ni d'or, ni d'habits chamarrés,
Déguisemens honteux de gens déshonorés;
Il aurait pu, traîné dans un riche équipage,
Apporter au Dauphin un ridicule hommage;
D'un monarque inutile être le chambellan
Et le complimenter sur la mort d'un faisan.
Mais tu n'as pas voulu souiller par le parjure
Une fidélité que tu conservais pure;
Tu n'as point dépouillé, pour changer d'étendard,
Tes habits de Wagram des aigles de César!
Nouveau Cincinnatus, pour t'offrir à la France,
Déjà tu prévoyais le jour de la vengeance ;
Car le peuple-lion, qu'ils avaient cru dompté,
Devait briser ses fers au cri de Liberté.

Liberté ! Liberté ! ce mot des trois journées
A retenti du Rhin jusques aux Pyrénées;

Paris dit au tyran qu'ils appelaient un roi :

« Qu'as-tu fait faux-dévot des Tables de la loi ?

« Tu les brisas, eh bien, ta stupide folie

« De nos sermens sacrés aujourd'hui nous délie ;

« Présent de l'étranger, va dire à l'étranger

« Que la France a des bras, du fer pour se venger :

« Tu l'as voulu, le sang souilla la Capitale,

« Eh bien, pour l'essuyer, de ta pourpre royale,

« Du velours de ton trône usons jusqu'aux lambeaux.

« Fuis, c'était trop d'avoir deux Charles pour bourreaux. »

A ces mots, de la France indignement trompée,

Quoiqu'affaibli, ton bras a ressaisi l'épée ;

Autour de toi Nancy, comme autour d'un drapeau,

De ses glaives levés réunit le faisceau ;

Sa brillante jeunesse, avec un œil avide,

Contemplait le vieux chef qu'elle avait pris pour guide ;

Les enfans belliqueux de la belle cité

A l'envi dans leurs bras, DROUOT, t'auraient porté ;

Lorsqu'à la Liberté chacun payait sa dette,

Nancy, comme Paris, offrait son LAFAYETTE !!

L'apect du vétéran, fidèle aux trois couleurs,

De quinze ans d'esclavage avait séché les pleurs,

On revoyait en toi la gloire de l'Empire,

Avec la Liberté, noble prix du martyre.

Un trône usé croula : le siècle des trois jours

Effaça d'un seul trait des siècles dans son cours :

Calme après ce prodige , on eût dit que la France

Avait sans nul effort créé sa délivrance.

Le drapeau devant qui la terre s'inclina,

Ombrage de ses plis le bronze d'Iéna ;

Mais il faut aux enfans de la nouvelle Athènes,

Sous le Roi-Citoyen des lois républicaines ; .

Au Peuple qui paya notre palladium,

Nul ne devrait oser marchander le Forum ! !

La royauté n'est plus cette idole grossière

Qu'adoraient les mortels, le front dans la poussière :

Le Roi, chez les Français, est l'homme de l'État ;

La loi ne veut en lui qu'un premier magistrat.

Le peuple a triomphé : dans sa colère sainte,

De ses fers odieux il a lavé l'empreinte....

Mais l'indolence tue : aux rivages du Rhin

La France présenta son bouclier d'airain.

Chaque cité devint une place de guerre :

Et le dernier Français, sous le frac militaire,

Au premier cri d'alarme était prêt à voler

Partout où pour l'honneur son sang eût pu couler.

Tu ne crus pas, Drouot, par de brillans services,
Par de longues douleurs, fruit de tes cicatrices,
Avoir acquis des droits aux douceurs du repos;
L'amour du sol natal rajeunit les héros.
Lorsque Nancy, brûlant d'un feu patriotique,
Rassembla dans ses murs sa phalange civique,
Drouot, le général, échappant aux honneurs,
Redevint Lieutenant parmi les artilleurs!.....
Mais en vain sur ton front, que la gloire environne,
Tu veux de tes lauriers nous cacher la couronne,
Ta modeste épaulette ajoute à leur éclat :
César reste César sous l'habit d'un soldat.

C'est ainsi que quittant ta retraite chérie,
Tu répondis, grand homme, au cri de la Patrie ;
Ton cœur, qui tressaillit en ce jour solennel,
Pour de nouveaux dangers répondrait à l'appel....
Si, pour planter leur tente aux rives de la Seine,
Accouraient, en hurlant, les hordes de l'Ukraine;
Si, nouvel Attila, l'inexorable Czar
Sur nos corps mutilés voulait rouler son char,
La France dans ses bras, comme un puissant athlète,
Attendrait le géant pour écraser sa tête;

Il est encore, il est, au fond de nos sillons,

D'assez vastes tombeaux pour tous ses bataillons !....

« Mes guerriers, a-t-il dit, dans sa vaine arrogance,

« Savent par quels sentiers on marche vers la France;

« Mais avant d'étancher ma soif du sang français,

« Je blanchirai le sol d'ossements polonais ! »

De Varsovie en proie aux bourreaux, à la flamme,

Qu'il tente d'accomplir l'épouvantable drame !....

Quand le crime a régné, la justice a son tour :

Nous livrerons sa chair aux ongles du vautour.

Nos citoyens-soldats, en ce jour de victoire,

Auront, comme aux dangers, une part à la gloire :

De l'aigle moscovite et du bronze conquis

Chaque cité pourra réclamer les débris.

A ta voix, ô Drouot, Nestor de la Lorraine,

A ta voix combattra la garde Nancéïenne ;

Car tu dois expirer sur l'affût d'un canon

Et prendre, après la mort, ton rang au Panthéon.

FIN.

NANCY, IMPRIMERIE DE C.-J. HISSETTE.

www.ingramcontent.com/pod-product-compliance
Ingram Content Group UK Ltd.
Pitfield, Milton Keynes, MK11 3LW, UK
UKHW022257070726
13613UKWH00005B/2342